Aldona Gustas
Sekundenresidenzen
Broschur 158

Aldona Gustas
Sekundenresidenzen
Gedichte und Bilder

Eremiten

man wird mich finden *1*
man wird mich säubern
man wird mich wie eine Ägypterin einbalsamieren
man wird mich in einer
eigens für mich erbauten Pyramide aufbahren
man wird mich nach zweitausend Jahren entdecken
man wird mich in einem Museum zeigen
so wird es sein
sage ich zu meinem Kartenhaus
in diesem Gedicht lüge ich mich aus

2   jenseits meines Bettes
    jenseits meines Tisches
    jenseits meines Fensters
    jenseits Berlins
    jenseits Litauens
    jenseits aller Länder mit weißen Giraffen
    jenseits aller Länder mit schwarzen Margeriten
    jenseits von jenseits

3   aber aber
    wenn alles gut geht
    bin ich Aldona
    Aldona pflückt die Früchte des Schlafes
    aus meinen Träumen
    und malt so etwas wie eine Avenue
    zum Salz der Meere

in einer menschenscheuen Großstadt 4
war ich meine Ergänzung im fremden Kleid
eo ipso genoß ich diesen Zustand
auch ein schönes Gefängnis war ich mir selbst
doch Draufloslebenist etwas anderes
zögerlich an feinnervigen Fenstern vorbei
suchte ich mein Image

vor Wolken 5
verbrachte ich den Morgen eines Tages
mit dem ich vorsichtig umging
auf Seewegen auf Luftwegen
auf Lebenswegen hörte ich meine Absatzlaute
oder war es ein Abgesang
beiseitestehen ist auch etwas

6 hier lebe ich in Zwischenhäusern
ich werde alle Tage unmöglicher
in einem fort bin ich anderen
und mir überflüssig
so wie es einen Jean Paul gibt
der ganz und gar kein Jean Paul ist
bin ich weder Aldona noch Gustas
das ist mein Spruch für einen Grabstein
mag der Regen ihn entfernen

7 zwischen Autos
bedenklich nahe meinem Tod
fast in Tuchfühlung mit ihm
stehe ich da in einer Tagstadt
weder mit Himmel noch Erde
verwandt oder verschwägert
stehe ich da
wie eine erfabelte Tatsache
zum Ausleben

auf einem Rücksitz
rollte ich mich
in meine fünf Sinne
die sieben Weltwunder
hinter der Windschutzscheibe
gewannen nicht an Bedeutung
als ich den verbrauchten Himmel anlächelte
als ob er Schleudersitze bereithielte
für gewagte Querwelteinwanderungen

im Rückspiegel sah ich
vorbeifliegende Landschaften
Dinosaurier und seltenes Federvieh
malte ich mir aus
bei Tempo 160 sagte der Tod zu mir
laß dich übel zurichten
damit ich dich begraben kann
mit allen Ehren versteht sich
Chopin laß ich vom Wind spielen
wenn du willst

10   eine kleine Nacht
mit frischer Brise
herausfordernd sah ich mich um
als gäbe es hier etwas zu sehen
im Handspiegel vielleicht ein Tier
das im Winter sein Fell abwirft
oder war ich es
angeschnallt keiner Witterung ausgeliefert
am Steuer mich aus der Welt singend

11   ich denke in der ersten Person
ich spreche in der zweiten Person
ich fühle in der dritten Person
ich bin die Person zwischen
der ersten und dritten Person
auf einem viereckigen Feld
im Kreuzverhör mit mir als Erznärrin
rotiere ich mit der Erde
sie trägt mich wie alle anderen

unter Erdbewohnern eine Erdbewohnerin   *12*
ich eine Zweckfrau
für dieses für jenes geeignet
das kann wohl sein
aber meine Psyche ist meine Achillesferse
ein Mimosengeschöpf

in Posen einer Halbgöttin duschen   *13*
sich an Wasser verhökern
sich Lavendelduft einverleiben
in Selbstbespiegelungen verharren
trotzdem gestehe ich mir ein Garaus zu
vor dem sich jedermann fürchtet

14 ich bin schön
wie jede Frau schön ist
denke ich
in allem Ernst
werde doch vernünftig
ein Mutterspruch alle Tage
ich bleibe wo ich bin
in Lebensgefahr zwischen Autos
eine Sekundenresidenz aufschlagend
würdig für ein Jugendstilbild
an Museumswänden
oder als Abfall zwischen Gerümpel

15 in der Tat ich komme gut aus
mit dieser Stadt
bloß ein paar Situationen in meinem Leben
hätte ich gern anders gehabt
ein Made-in-Germany-Leben hier
an allen Tagen ist Berlin ein Ort in der Welt
aber lebt es sich anderswo nicht wie hier
im Umfeld soundso mit mir soundso

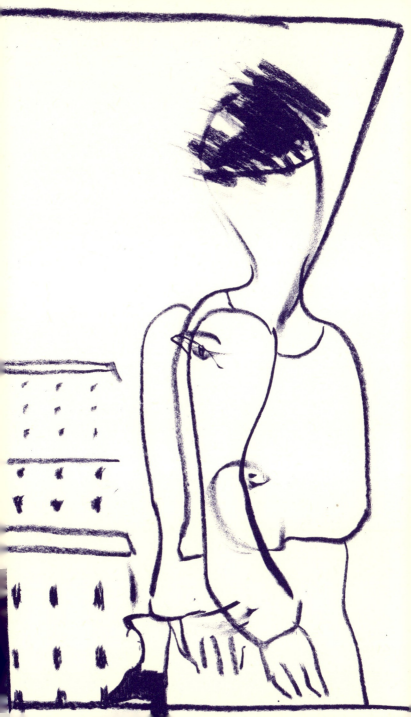

die Stadt ging mich   *16*
nichts an
du gingst mich
nichts an
Engel und Teufel gingen mich
nichts an
ich ging mich
nichts an

dein Verhältnis mit deinem Tod   *17*
mein Verhältnis mit meinem Tod
unser Liebesverhältnis
mehr ist nicht vonnöten

ich war lange 1932   *18*
ich war lange 1945
ich war lange 1952
ich war lange 1962
ich war lange 1972
in den Jahren dazwischen
lebte ich kurz

19   vor Ort und Stelle eine weitläufige Stadt
     mit Passantenströmen
     vulgären Redensarten Gerichtsdeutsch
     als Aussage Worte stillebentauglich
     mit der Formel einer Stadt haben sie
     nichts im Sinn
     auch Sätze als Bisse in den eigenen Mund
     meine Darlingworte gut im Lift zu lesen
     für die Einfälle eines Zufalls
     der mich fortwährend leben läßt

immerhin nach geraumer Zeit 20
entwarf ein Spiegel mein Ebenbild
keineswegs mir ähnlich
nicht tauglich für Diesseits für Jenseits
meine Existenz in diesem Gedicht buchstäblich wahr
fände ich mich ins Leben zurück
wäre das mehr als Italien

bin ich die Närrin dort 21
dieses Phantomgesicht im Spiegel
das soll ich sein
ohne Kindheit ohne Jugend
was solls wenn ich mich
zu den alten Frauen zähle
ist das Leben ein schlechtes Buch

22　Augenbrauen nachziehen
　　als wären sie Torbögen zum Glück
　　was ist das neben Don Juan sitzen
　　sag ich dir Sprüche auf
　　obgleich ich weiß
　　daß es nichts hilft
　　bleibe ich bei den gutwilligen Worten
　　denen ich traue

23　was ich bin nicht bin
　　sein werde schon war
　　daß ich alles andere bin als ich war
　　diese vergeblichen Versuche
　　vollständig vergessen auch mein Eiland
　　sonstwohin gehen ist auch nicht bequem
　　und ein Prosaleben führen verdirbt
　　die Wirklichkeit enorm

es gibt keine Sonne
es gibt keine Wolken
es gibt keinen Wind
es gibt keine Fluchtwege
und was habe ich eigentlich heute
mit mir vor

ich habe diesen Tag verpaßt
ich habe dich verpaßt
ich habe mich verpaßt
bin ich nun eine normale Sterbliche
oder eine unnormale

30 gekämmt gescheitelt
betrete ich eine Allee
die Sonne wärmt mich in Don Juan-Manier
auf Shakespeare-Art zu lieben
ist eine Kunst
mit Zeit für alles
bin ich sowieso allein
im eigenen Eden
bin ich der Prototyp einer Romanfigur
aber mein Körper ist mir im Weg

31 es gibt auch mich
an einem Mondmorgen
bis nahezu eben noch
ging ich neben Cherub und Paladin
auf der Suche
nach einem englischen Himmel
mit geschminkten Frauen an der Themse
sah ich die Sonne ertrinken
war es Selbstmord

auf einmal war alles anders
im Letternwald ertappte ich mich
neben Dante
ein Griff in den Arno genügte
um neben Michelangelo zu hocken
auf einem Floß mit Florenz an der Spitze
denke ich mich aus allem heraus
an diesem Nachmittag
bewohne ich meine Stofflichkeit
ist ein Geschöpf meiner Eltern
mein Körper eine Verführung zum Leben
in einer begehbaren Stadt
mich gänzlich verleugnend
ist mein Herz für sich

33 im Taufkleid im Konfirmandenkleid
im Hochzeitskleid im Talismankleid
im Kleid aus kostbaren aus billigen Worten
ein Kleid für den Flug nach Paris
im Sterbehaus von Apollinaire
der tausendste Teil von Apollinaire
letztendlich trifft das buchstäblich
auf mich zu

34 auch die Sprache gab Rätsel auf
von diesem und jenem
bis zu den Nullpunkten
ging es weiter im Leben
in einer Oberwasserlandschaft
mit zittrigem Fisch in der Hand
stand ich da als Potemkinsche Frau

ich denke Indigo 35
ich empfinde Ultramarin
ich sehe Zinnoberrot
ich denke Zinkgelb
ich atme Saftgrün
ich spreche Grüne Erde gebrannt
ich beginne mich zu malen
als Marie im Glück
die verschollene Gedichte
der Sappho aufspürt

quecksilbrig das Ganze 36
im Nachhinein ein Erwachen
schlimmer als ich dachte das Ganze
mit Lautelementen durchsetzt
halte ich still
habe ich das Leben etwa erfaßt
nichts von alledem trifft ein
was in meinem Gesicht geschrieben steht
ist ein Versuch in Aquarell

37   wenn ich mich mit der Nacht verschwistere
     ihrem schwarzen Charme erliege
     brauche ich den Mond
     wie Mörike ihn besang
     in diesem Gedicht mit Tunneln mit Korridoren
     ist mein Vorname Ja
     mein Nachname Nein
     die Seemeilenweiten im Kopf
     überlasse ich dem Zufall

38   dann lasse ich mich auch gelten
     im weißen Kleid an Gräsern vorbei
     gebe ich meinem Schatten die Chance
     Klee zu streifen
     während ich Lenau deklamierend
     Lerchen herbeiwünsche
     aus Lenaus Gedichten mögen sie fliegend
     die Luft wortwörtlich zerteilen

am Himmel Vogelfleisch *39*
die Federn flugglatt
ich buchstabiere das Luft-ABC
Smog Smog
übe Faksimileatmung

amokschnell die Wolken *40*
amokschneller Flugpassagiere
im Kosmos sehe ich paradiesisches Ultramarinblau
gluckse vor Glück
denke jetzt abstürzen

auf der Erde der Erden *41*
geht der Wind seiner Wege
die Zeit ist dagewesen
sie wog so viel wie die Ewigkeit
an Gewicht zunahm in diesem Augenblick

42 eine Lappalie das Leben eine Zumutung
auch die Selbstverwirklichung ein Fiasko
stell ich mir ein Ultimatum zum Glücklichsein
bin ich verloren
an einem Virginia-Woolf-Tag
mit schmalem Fluß
zum Ertrinken tief genug
eine glattgekämmte Frau im weißen Kleid
abkömmlich für jedermann schreibt das auf
dennoch laste ich mir dieses Gedicht an
mannigfaltig könnte es enden vielleicht so
am Jüngsten wie am Ältesten Tag
mit und ohne Gericht Ciao

gestern und heute
meine Entdeckungen à la Columbus
meine angeborenen Eigenschaften
die angeborenen Träume
das nicht angeborene Gedankenarsenal
bis in den Nacken hinein
findet die Sonne mich heute
an einem sonnenlosen Tag
folgte ich der imaginären Spur meines Glücks
mit der Erde die sich wie immer
genußvoll um die eigene Achse dreht
gleichviel ob ich sie liebe oder nicht

44 dich in Augenschein nehmen
mich kurzerhand für dich entscheiden
schmierbuchhaft alles empfinden
was womöglich passiert
mit Genauigkeit aufschreiben
dabei fuhr mir eben der Wind übers Gesicht
Bäume sehen mistelschwer über mich hinweg
das war in Frankreich
dort wollte ich eine Bretonin sein
hier hat mich mein Wunschdenken eingeholt
überdies war ich mir selbst dieses Gedicht schuldig
schon lange

45 bin ich
für ein Leben auf Papier geschaffen
was bin ich wenn ich mir
die Morgenröte ans Ohr halte
ist mein Herz eine heiße Kastanie
bin ich ein übriggebliebener Regenbogen
der sich totstellt
um mit dem Leben davonzukommen
kurzum dingfest lasse ich mich nicht erraten
der eine der andere mag mir folgen

im Vitaleben nimmt eine Vitastadt viel Raum ein 46
meine Adressenstraße kennt mich eh so
wie meine Westentasche
mit Uhu Fledermaus mit Hasen und Pfeffer
wenn die Erde steht steht der Himmel
stehen wir reisebereit wie in einem Boulevardstück
jeder an seinem Ort
(Ortsbestimmendes ergibt sich von selbst)
jeder im Schatten einer fliegenden Antilope
das ist die Wahrheit in der Unwahrheit
im Errataleben

aber in Siena war ich anders 47
damals war ich mit dem Leben unterwegs
bis zum Atlantik reichte meine Gegenliebe
was immer es war
war ich die Erfahrung schwarzer Oliven
aber wer verhilft mir
zu einem Sterbezimmer in Venedig

48 in der Oper eine Zuspätgekommene
auf ein Klingelzeichen Wartende
über Meere über Ebbe und Flut
über Lunge und Herz
über Ohren besonders Ohren
und so weiter und so fort
und ab in einen Mozarthimmel
mit Flöten und Zauber ohnegleichen

49 wie es meine Art ist
schepper ich mich durch die Stadt
an kollernden Häusern
an Kauderwelschmenschen vorbei
plötzlichen Abgründen zu
flügge zum Schwimmen
geb ich mir einen Stoß für Strömung
im Grünen und Ganzen der Bläue
welch ein Vergnügen dann
an Weißes zu denken
mit der Zunge eines Fisches
achnein zu sagen

wie der Himmel sich anfühlt
an einem Maimorgen
vor Jasmin stehen
mit Quasiwelten hinter der Stirn
auch Wortketten Wortringe
eine Wortschlange schlinge ich mir
um den Hals
versuche ein Maigedicht zu parzellieren
aus altem Wortplunder hole ich mir
Zeilen heraus
während Autos echoen
gehen Städter an mir vorbei
Feistes Dünngeratenes sehe ich
der Monat Mai wie für Goethe geschaffen

nun pflücke ich mich doch
aus der Nacht in den Morgen
einer Rahel-Varnhagen-Frühe
Schatten scherengefährlich weichen
die Einfalt eines Augenblicks überrascht mehr
als ein Killer in der Tür

52 wie eine frischgekämmte Frau
    die Wiese am Bach
    ein Pfau schreit seine Schönheit entzwei
    die Frühe wird sich wieder beruhigen
    dieser Mai ist für mich
    der Gegenmai auch

53 im Sheriffton weht der Wind
    seine Sprache allüberall hörbar
    fünfzig Schritte von hier
    sind alle Passanten gleich
    wie sie in einem Surrogat
    aus Häuserfronten Straßenecken
    Regengüssen verschwinden
    hat der Abend als Katakombe gesiegt

die Romantik in meiner romantischsten Zeit
geht mir heute ab
trotzdem nicht unübel
der vielsprachigen Muse zu begegnen
oder schlittschuhlaufend einem Schneeregen
zu entkommen
an kalten Bäumen vorbei
eine schottische Dämmerung zu grüßen
ist erst die halbe Arbeit an einem Gedicht
wenn unter einem Regenbogen
frigide Frauen Sex finden

aalglatt das Meer Möwen fallen auf
ein Juliathema die Frau dort
mit Eisgetränk und Fächer
wie wenn sie über beschnittene
französische Alleen schritte
nackt täte oder so ähnlich
nach mißglückten erotischen Experimenten
nicht sonderlich wichtig
auch das Datum von heute

56　ausgeheckt hab ich ein Gedicht
　　wozu auch immer
　　buchstabengerecht die Liebe angedeutet
　　hautknetend bin ich erwacht
　　mit der erstaunlichen Möglichkeit
　　jetzt zu sterben

57　an sich bin ich kein Anlaß für Umarmungen
　　trotzdem bin ich ganz die Deine
　　trotzdem mache ich dir schöne Schuhe
　　aus meinen Füßen

58　die Liebe beim Wort genommen
　　ist bekannt wie ein gelber Hund

meinetwegen bin ich 59
eine Parallele zur Parallele am Abendhimmel
erstaunlich schwarz der Himmel heute
wie ist doch alles in einer Vielleichtnacht
die Bluse die Brosche der Hals das Haar
die Vielfalt der Blicke das Augenmaß
vielerlei im Schwange auch rüde Absichten
auch Gegenpole im Kopf
aber mein Herz ist ein Herkules
und was für eine Frau könnte ich
in Wirklichkeit abgeben
wenn ich mir fehlte

von Fortpflanzung zu Fortpflanzung 60
nachtgefügig die Glieder der Puls
aber das Herz galoppiert mit Stuten davon
es nimmt Hürden nimmt Flüsse
mein Herz halb Pegasus halb Phönix
auf weibliche Art

61 ich verhörte mich
analysierte mein Rotwerden
bis ins Kehlige versuchte ich
mich zu begreifen
warum ich mich dir anschloß
für's ganze Leben
sollte die Liebe reichen
und sie reicht

62 deine Kämme
kennen dein Haar
weniger gut als ich
deine Handtücher
kennen deinen Körper
nicht so gut wie ich
wie ich
deinen Körper kenne
kennt nicht einmal
deine Mutter ihn

Scheinwerferlandschaft
die Nacht trägt ein schwarzes Gesellschaftskleid
schön gemmenhaft die Bäume
nette unanständige Worte mit Anstand gesprochen
verfehlen ihre Wirkung nicht
auf hellen Fleischpartien knittelig ein Kleid
der Schoß nicht weit vom Schwan
Leda am Steuer

nichts weiter
als etwas Nacht
eine Frau ein Mann
in sexueller Bereitschaft
etwas vergeudeter Samen
unsereiner als Welträtsel
das auch

65 ich tafle und tafle
bis du kommst
erlebe ich allerlei
mein Kopf rollt zu deinen Füßen
rekle ich mich aus der Haut
mag jemand denken ich sei eine Schlange
um Mitternacht bin ich sowieso eine Schlange
mit Häuten aquariumfeucht
mit Etceteraempfindungen für eine Spanne Haut
mit Science-fiction-Visionen von deinem Gehirn

66 Körperdialektik sagst du
sprichst von Hautdialogen
nennst Eindeutiges beim Namen
schweigst dich in Seufzern aus
lieg ich froschlarvenähnlich neben dir
blättert mein Schatten hüfteschwenkend
über Bettränder hinweg
als gäbe es hier eine Umwelt
mit schwarzen Schwänen im Mittelpunkt
lieg ich beim Froschkönig
könnte er mich in eine Zungenbeere verwandeln

mit Softeis in der Hand
trittst du in die Tür
als hätte ein Spiegel dir eben gesagt
du wärst schön
könntest Ausschweifungen für Frauen erfinden
kannst du
bis wir Arkadien erreichen
laicht mein Herz Spermafische

du benutzt Männerparfüm
ich Frauenparfüm
wir duschen gemeinsam
ich gieße dein Lachen
mir über Schulter und Schenkel
mal denken
ich liebe dich auch sexuell
du ein Barbar
unglaublich wie gut du riechst

annodazumal annodu annoich
vergebliches Erinnern diese unheimliche Show
mit Blick auf Hautanschriften
bereits unleserlich
wenngleich die ameisenhafte Ausdauer
im Lieben auf einem Feld
sein verrücktes Grün
an einem unsommerlichen Augusttag erlebt wurde
sagtest du wohl so long ich tschüs

wenn der Nachmittag so bleibt
wie eine unerwiderte Liebe
die Liebe ist eine potemkinsche Rose
aber die Wahrheit ist eine andere Liebe
vom Regen impertinent gewaschen
vom Wind aufdringlich gekämmt
aber auch das ist unwahr
andersgeartet ist die Quasiliebe
die keiner aufschreibt für immer vorläufig

71   meine Augen auf dich gerichtet
dein Antlitz ein schönes Wort für dein Gesicht
in der Totale
sehe ich abermals
wie du mit einfachem Hüftschwung
über Zäune setzt
sehe ich Maulwürfe in Liebe
zu dir entbrennen
und doch war alles anders
als in diesem Gedicht

ein kleiner chirurgischer Eingriff der Kuß
eine etwas größere Operation das Weitere
ein Orgasmus als Zubrot auch gut
für innere Befindlichkeiten ohne Belang
im Prinzip kann ich tun was ich kann
hat jede Wölfin mir voraus

73 auf Kreuzworträtselart führen wir uns
in die schöne Irre eines Junitags
Weg Wacholder Heidekraut Sennhüttenidylle
malen wir uns aus
im Stadtzentrum erhalten Blicke erotische Qualität
als müßten wir Schwerkraft verlassend
mit Genuß die arrogante Höhe der Sonne erreichen
heute ganz bestimmt

ALDONA GUSTAS, geboren 1932 in Karceviskiu/Litauen. Lebt seit Kriegsende in Berlin (West).
Buchveröffentlichungen: *Nachtstraßen,* Stierstadt 1962; *Grasdeuter,* Hannover 1963; *Mikronautenzüge,* Hamburg 1964; *Blaue Sträucher,* Bremen 1967; *Notizen,* Berlin 1967; *Liebedichtexte,* Berlin 1968; *Worterotik,* Berlin 1971; *Frankierter Morgenhimmel,* Düsseldorf 1975; *Puppenruhe,* Düsseldorf 1977; *Eine Welle, eine Muschel oder Venus persönlich,* Düsseldorf 1979; *Luftkäfige,* Berlin 1980; *Sogar den Himmel teilten wir,* Düsseldorf 1981.
Mitarbeit an über achtzig Anthologien. Viele ihrer Texte wurden übersetzt ins Litauische, Italienische, Spanische, Französische und Amerikanische. Aldona Gustas malt, ist Initiatorin der Gruppe «Berliner Malerpoeten» und Herausgeberin der gleichnamigen Anthologie. Herausgeberin der dtv-Anthologien *Erotische Gedichte von Frauen,* München 1985 und *Erotische Gedichte von Männern,* München 1987.
Einzelausstellungen und Teilnahme an Gruppenausstellungen im In- und Ausland. Bilder befinden sich in öffentlichen und privaten Sammlungen.

Die ersten Exemplare dieser Ausgabe sind von 1 bis 100 numeriert und von Aldona Gustas handsigniert. Weiteren hundert signierten Exemplaren, römisch numeriert von I bis C, liegt eine numerierte, von der Autorin signierte Graphik lose bei. Die für den Druck der Originalgraphiken erforderlichen Filme wurden von der Autorin von Hand gezeichnet und direkt auf die Druckplatten übertragen. Typographie und Gestaltung: Eremiten-Presse, Düsseldorf. Satz: Walter Hörner, Aachen. Druck: Rolf Dettling, Pforzheim. Bindearbeiten: Emil Weiland, Karlsruhe.

© by Verlag Eremiten-Presse
Fortunastraße 11, D-4000 Düsseldorf 1
ISBN 3-87365-248-X
Erstausgabe
1989